TSUNAMI DE LA LUMIÈRE

TSUNAMI DE LA LUZ

ALEJANDRO CALDERÓN

TSUNAMI DE LA LUMIÈRE

TSUNAMI DE LA LUZ

Traduction de l'espagnol
par Nelly Détré
avec la collaboration d'Evelyne Speiser
revue par l'auteur

Couverture : Mer Baltique

ISBN N° 978-2-9551840-1-1

DEDICATORIA

Américo,

Luego de haber vivido años en la oscuridad, arrastrado por el alcohol y las enfermedades, el abismo fue mi nido. 1996, fecha de la publicación de *Desde la penumbra*, mi tercer libro, título que me "soplaste", no pude mantenerme en la creación. Mas antes de cumplir 50 años, decidí visitar Italia, tierra de tus ancestros, fruto de ese viaje, es el poemario que ahora te dedico.

Una tarde, en el Foro Romano, perdido en los pasos del tiempo, absorto en la insondable inmensidad, me meció la cadencia insalvable del primer verso de *Tsunami de la luz*. He aquí, me dije, la exploración perpetua, patria del bardo, ya que el lenguaje es solo la chispa de su piedra primitiva. Tres días después, ya en Firenze, en el Palacio Pitti, irrumpiría el primer verso del segundo poema de este libro: su elevación instantánea y fugaz, logré consignarla, es verdad, antes que se diluyera o se llevara definitivamente mi razón.

Ahora tú, poeta Ferrari, « a orillas del aire », en la « Casa de nadies », sumergido en las cortezas de la inmaterialidad, dime, quién fue verdaderamente quien escribió *Une saison en enfer*: Trakl o Rimbaud?

Alejandro Calderón
París, 14-03-2016

DÉDICACE

Américo,

Après avoir vécu des années dans l'obscurité, entraîné par l'alcool et les maladies, l'abîme a été mon nid. Depuis 1996, date de la publication de Desde la penumbra, mon troisième livre, titre que tu m'as « soufflé », je n'ai pu me maintenir dans la création. Mais avant d'avoir 50 ans, j'ai décidé de visiter l'Italie, terre de tes ancêtres, et le fruit de ce voyage, c'est ce recueil de poèmes qu'à présent je te dédie.

Un après-midi, dans le Forum Romain, perdu dans les pas du temps, absorbé par l'immensité insondable, j'ai été bercé par la cadence insurmontable du premier vers de Tsunami de la luz. J'ai ici, me suis-je dit, l'exploration perpétuelle, patrie du barde, puisque le langage est seulement l'étincelle de sa pierre primitive. Trois jours plus tard, déjà à Florence, dans le Palais Pitti, ferait irruption le premier vers du second poème de ce livre : son surgissement instantané et fugace, j'ai réussi à le consigner, c'est vrai, avant qu'il ne se dilue ou que ma raison ne se perde définitivement.

Maintenant toi, poète Ferrari, « a orillas del aire », dans la « Casa de Nadies », submergé par les écorces de l'immatérialité, dis-moi qui fut celui qui véritablement écrivit Une saison en enfer : Trakl ou Rimbaud ?

Alejandro Calderón
Paris, 14-03-2016

Yo tengo más recuerdos que si tuviera mil años.

Baudelaire

J'ai plus de souvenirs que si j'avais mille ans.

Baudelaire

SOUVENIR

A Evelyne Speiser

Yo era muy joven. Estaba cansado y me costaba
soportar el desastre de los días, refugiándome
cada vez más en una quimera. Encerrado en mí
mismo, debajo de mi propio ser, sentía que
el destino me había condenado para siempre.
Todo esto sucedía en mi pequeño cuarto parisino
donde, postrado entre las sábanas, en más
de una ocasión, inventaba un diálogo importante
para olvidar algunas pesadillas.

En realidad, tenía miedo de vivir una alegría
profunda, ya que después venía siempre la caída.
Curiosamente, no resentía ninguna pena, solamente
la tristeza de mi juventud que se apartaba
de su ciclo natural. Y el sol, tan benéfico para
las cosechas, ya no calentaba mi piel. De esta
manera vivía yo en un velo de oscuridad,
oponiéndome radicalmente a la muerte como
un murciélago literario, pero sin darme cuenta
que había dejado de amar la vida cuando jugaba
en las cejas blancas del tiempo.

SOUVENIR

À Evelyne Speiser

J'étais très jeune. J'étais fatigué et ne supportais
plus le désastre des jours, me réfugiant
autant que je le pouvais dans une chimère. Enclos en
moi-même, au-dessous de moi, je pressentais que
le sort m'avait définitivement condamné.
Tout cela se passait dans ma petite chambre parisienne
où, plus d'une fois, prostré dans mes draps,
j'inventais un dialogue important
pour oublier quelques cauchemars.

En réalité, je craignais d'éprouver une joie
profonde, car après venait toujours la chute.
Curieusement, je ne ressentais aucune peine, seulement
la tristesse de ma jeunesse qui se détachait
de son cycle naturel. Et le soleil, si bienfaisant aux
moissons, ne réchauffait plus ma peau. Ainsi,
je vivais dans un voile d'obscurité,
m'opposant radicalement à la mort comme
une chauve-souris littéraire ; mais sans me rendre compte
que je n'aimais plus la vie quand je jouais
dans les sourcils blancs du temps.

Mi cuarto era tan pequeño que parecía un acuario
de soledad. A medida que ésta aumentaba,
los muros se encogían hasta convertirse en féretro.
Y cuando quise levantarme, ya era demasiado
tarde. Quería tener sed mas carecía de garganta;
en fin, siempre quise ser yo mismo, pero terminé
atrapado en mi propia trampa.

De pronto, algo se escapó de mí; era como
un círculo frágil, radiante de luz, que se iba
por la ventana, arrastrado por el viento, convertido
en paloma se despidió de mi sombra.

Desde ese entonces, vivo como un impostor.
Aunque no busco a ningún dios como los otros,
si no es mi propio espíritu que un día me abandonó
para dejarme en una indecible angustia. Pero
los años me han enseñado a percibirlo en un acto
generoso, a rodearlo en las palabras con amor,
a verlo en un lago imaginario, a llenarme de él
con una imagen maravillosa, reflejo del deseo,
centella del espíritu.

Estrasburgo, 22 de agosto 1994

Ma chambre était si petite qu'elle ressemblait à un aquarium
de solitude. Plus celle-ci augmentait,
plus les murs se rétrécissaient jusqu'à devenir cercueil.
Et quand je voulus me lever, il était trop
tard. Je voulais avoir soif mais je n'avais plus de gorge ;
enfin, je voulus toujours être moi-même, mais
j'étais pris à mon propre piège.

Mais soudain, quelque chose s'échappa de moi ; c'était comme
un cercle fragile, rayonnant de lumière, qui s'en allait
par la lucarne, happé par les vents, devenu
colombe prenant congé de mon ombre.

Depuis ce temps, je vis comme un imposteur.
Quoique je ne cherche pas un dieu comme les autres,
si ce n'est mon propre esprit qui m'abandonna un jour
pour me laisser dans une indicible angoisse. Mais
les années m'ont appris à le percevoir dans un acte
généreux, à l'encercler dans les mots avec amour,
à le voir dans un lac imaginaire, à m'emplir de lui
dans une image merveilleuse, reflet du désir,
étincelle de l'esprit.

Strasbourg, le 22 août 1994

Version de E.S.

TSUNAMI DE LA LUZ

TSUNAMI DE LA LUMIÈRE

Por qué me preguntas de mi linaje?
Como la generación de las hojas, así
la de los hombres.

Homero

I destinati eventi
Move arcano consiglio. Arcano è tutto,
Fuor che il nostro dolor.

Leopardi

Pourquoi me questionnes-tu sur ma race ?
La génération des hommes est
semblable à celle des feuilles.

Homère

Un dessein secret
Conduit les destinées. Tout est mystère,
Hormis notre douleur.

Leopardi

ALCANTARILLAS DE METEOROS

Expansión diáfana de la penumbra,
polarizando tenue luz de cuarzo
blanco, escalonada por alcantarillas
de meteoros: foro de poliedros,
orquídeas, rombos, cilindros;
abnegación pendiente de la cascada,
lampadario de sauce fijando
el aire, elevando el devenir
para mitigar la ausencia de otoño,
con sosiego que estatuye lo bello,
donde madura la cadencia
evanescente de fuego, acrecentando
la simetría de veleros de lavanda:
sílaba diáfana de la cascada.

AQUEDUCS DE MÉTÉORES

Expansion diaphane de la pénombre,
polarisant une fine lumière de quartz
blanc, échelonnée par des aqueducs
de météores : forum de polyèdres,
orchidées, losanges, cylindres ;
abnégation suspendue de la cascade,
lampadaire d'un saule fixant
l'air, élevant le devenir
pour atténuer l'absence d'automne,
avec la sérénité qu'érige le beau,
où mûrit la cadence
évanescente d'un feu, accroissant
la symétrie de voiliers de lavande :
syllabe diaphane de la cascade.

PÉNDULO DE TRANSPARENCIA

Quebranto en la transparencia tersa,
fragmentos de su péndulo
desnivelan el carmesí
de la arboleda, boga entonces
en llamaradas el ave, revocando
su hibisco vuelo, imprecando
sus flamas el campanario,
desvelando la dádiva de musgo:
ungüento de diamante,
diéresis de brillo
desdoblando la esfera,
dando ángulo a lo informe,
izando su vocal en blanco:
primavera tersa en la arboleda.

PENDULE DE TRANSPARENCE

Brisure dans la transparence pure,
des fragments de son pendule
dénivèlent le cramoisi
du bosquet, vogue alors
dans des flambées l'oiseau, révoquant
son vol d'hibiscus, incendiant
d'imprécations le clocher,
dévoilant l'offrande de mousse :
onguent de diamant,
diérèse de brillant
dédoublant la sphère,
donnant angle à l'informe,
hissant sa voyelle blanche :
printemps limpide dans le bosquet.

LA SUSTANCIA

Fluye tamizada por la cifra de las cortezas
de la sombra, su curso leve y suelto,
mineraliza matices de mirlos o tordos:
lo que no se forma se deshecha
sofocando el confín. Nube a nube,
a gusto el cielo, su color masifica
la estepa de luciérnagas. La cadencia
del sueño es la huella venidera: somos
un lapso pensado que se disgrega
conforme avanza el aire, ceniza transparente
donde arrecia la codicia de la sangre.
Borrándonos la duda, ausente la erosión
en el alma, la sustancia reverdece
surcada por secuencias de la arcilla.

LA SUBSTANCE

Tamisée par la somme des écorces
de l'ombre, flue son cours léger et libre,
minéralise des nuances de merles ou de grives :
ce qui ne se forme pas se défait
étouffant les confins. Nuage à nuage,
le goût du ciel, sa couleur massifie
la steppe de lucioles. La cadence
du rêve est la trace à venir : nous sommes
un intervalle pensé qui se désagrège
comme avance l'air, cendre transparente
où redouble l'avidité du sang.
Nous effaçant le doute, absente l'érosion
dans l'âme, la substance reverdit
sillonnée par des séquences d'argile.

SAFARI

Vorágine de la vitrina persigue
lo blanco de la golondrina,
desvelando en la brisa
el safari de la conciencia;
hunde las nubes en vasijas
transparentes: rayas emergen
en contrapeso del acantilado
suspendiendo el sable de anhelo.
Ciñe el vaivén de los números
descalza manzanilla de roquedal,
su fragancia en añicos
del cálculo no ceja, proyectando
con frenesí, fino polvo de oro
en el acento oscuro de la golondrina.

SAFARI

Le tourbillon de la vitrine poursuit
le blanc de l'hirondelle,
dévoilant dans la brise
le safari de la conscience ;
il plonge les nuages dans des vases
transparents : des raies émergent
en contrepoids de la falaise
suspendant le sabre du désir.
Ceint le va-et-vient des nombres
la camomille déchaussée du rocher,
sa fragrance en éclats
de détermination ne faiblit pas, projetant
avec frénésie, une fine poudre d'or
sur l'accent obscur de l'hirondelle.

ENTELEQUIA

Diedros de nevisca horquillan el no ser
hasta clara bruma lenta:
avalancha abstracta de peregrino,
el ser es desborde de fuego
que se lee en labios de la flama
con espejuelos de sílex de quebranto.
En campanadas de llamarada
se libera en el sonido, a través
de vergeles del desierto,
pausando el espacio con notas
temperadas de yerba de canario,
latiendo a borbotones
en piedra poma del océano:
orfebre del pulso de su entelequia.

ENTÉLÉCHIE

Des dièdres neigeux fourchent le non être
jusqu'à une claire brume lente :
avalanche abstraite de pèlerin,
l'être est un débordement de feu
qui se lit sur les lèvres de la flamme
avec des bésicles en silex fêlé.
Aux carillons d'une flambée
il se libère par le son, au travers
de vergers du désert,
interrompant l'espace avec des notes
tempérées d'herbe de canari,
battant à gros bouillons
sur une pierre ponce de l'océan :
orfèvre du pouls de son entéléchie.

EL ECO

Funde la tarde el eco del jilguero,
sus diagonales suspendidas a oro mate
de amapolas, fusionan ranuras de paja
en la piedra, vislumbran al grillo
imbricado en el trigo, agrietan
la nada hasta sumarle más nada:
suco obsesional de caña brava
chimba el folleto álgido
del coro del deshielo, su declive,
en gárgola, declina del gorjeo;
ventisca febril arrecia la ventana,
afuera, jala el aire su riachuelo
paralelo, su legión de salmones
se orienta por el eco del jilguero.

L'ÉCHO

Il fond l'après-midi l'écho du chardonneret,
ses diagonales suspendues à un or mat
de coquelicots, fusionnent des rainures de paille
dans la pierre, entrevoient le grillon
imbriqué dans le blé, crevassent
le néant jusqu'à lui ajouter plus de néant :
suc obsessionnel de canne sauvage
il éclabousse le feuillet algide
du chœur du dégel, sa déclivité,
en gargouille, décline du gazouillis ;
un blizzard fébrile redouble à la fenêtre,
dehors, l'air étire son ruisseau
parallèle, sa légion de saumons
s'oriente à l'écho du chardonneret.

DIARIO

Su diario embarca con la alondra:
impregnando la rada breve de estrellas
la caligrafía de espuma de su sangre.
Inventa el tiempo para prorrogar
la agonía, releyendo
en dardos del sol, el espejo
roto de su temprana soledad:
tintero de su inagotable penumbra.
Grapado al gris leve de las olas
tala el caos en copas de pinos,
ideogramas y castaños, flanqueado
del dolor que acortó la hora,
trayendo la tempestad bajo la lámpara:
vieja hamaca del dragón amarillo.

JOURNAL

Son journal embarque avec l'alouette :
imprégnant la rade brève d'étoiles
la calligraphie d'écume de son sang.
Il invente le temps pour proroger
l'agonie, relisant
dans les rayons du soleil, le miroir
brisé de sa prématurée solitude :
encrier de son intarissable pénombre.
Agrafé au gris léger des vagues
il taille le chaos en coupes de pins,
idéogrammes et châtaigniers, flanqué
de la douleur qui a écourté l'heure,
apportant la tempête sous la lampe :
vieux hamac du dragon jaune.

EL ABSOLUTO

Pelusa de espuma afloja su tacto
de azucena, vertiendo el devenir
en la ronda de la mariposa ligera
de la vela, desfigura el absoluto,
sin afluente en la contemplación
de sí mismo; sus edades anquilosadas
en el ancla del crepúsculo, desatadas
de la acústica de su desplazamiento,
tallan fonemas en fluctuosos
leopardos. Esquilmado en el color
del bambú, enmohecido de tonos
evanescentes y fugitivos, hace
alarde con recelo de escarlata,
en las ruinas de zozobra de la vida.

L'ABSOLU

Un duvet d'écume délie son toucher
de lys, versant le devenir
dans la ronde du papillon léger
de la veilleuse, il défigure l'absolu,
sans affluent dans la contemplation
de lui-même ; ses âges ankylosés
dans l'ancre du crépuscule, détachés
de l'acoustique de son déplacement,
sculptent des phonèmes sur des léopards
fluctuants. Récolté de la couleur
du bambou, rouillé de tons
évanescents et fugitifs, il fait
étalage avec un soupçon d'écarlate,
dans les ruines d'angoisse de la vie.

MIEL OSCURA

El agua al agua su vientre alcanza,
bamboleándose en la eclosión tenue
de la nuez, zarandea lo real diferido
en alineados fresnos de plata; sigue
letras de garra por el desfiladero,
arremete con pujanza los niveles
sostenidos, balancea cántaros en la fuente:
vibrante su claror enciende de ficciones
la entraña de vapor del universo.
Abre esclusa a los colores. Cuajada
miel oscura, limito el invierno
caracoleando entre tus dos colinas,
aunque, al final, nuestras pestañas,
se cubran de su abundante rocío.

MIEL OBSCUR

Eau à l'eau son ventre atteint,
oscillant dans l'éclosion ténue
de la noix, tournoie le réel différé
dans des frênes d'argent alignés ; il suit
des lettres griffues par le défilé,
attaque avec vigueur les niveaux
soutenus, balance les jarres de la fontaine :
vibrante, la clarté incendie de fictions
les entrailles de vapeur de l'univers.
Il ouvre une écluse aux couleurs. Caillé
miel obscur, je limite l'hiver
en caracolant entre tes deux collines,
bien que, à la fin, nos cils
se couvrent de son abondante rosée.

AZAR

A Jane Matkoski

Pende el albur de mariposas
sobre aplacada seda de agua,
su borboteo de luz, modifica
la materia negra, canta
el espíritu con letra pura
erosionada del jaspe de sus venas,
espada de coral en su afán
de fuego, fragua en sus cenizas
despierto vocabulario, activa
el amarillo soberano del tigre,
endulza la esfera de la manzana,
impreso en el vaho del samovar,
sobre reflejos de papel
de seda, esculpe claro de luna.

HASARD

À Jane Matkoski

Suspendu le hasard de papillons
sur une calme soie d'eau,
son bouillonnement de lumière, modifie
la matière noire, chante
l'esprit en lettre pure
érodée du jaspe de ses veines,
épée de corail en son ardeur
de feu, forge dans ses cendres
un vocabulaire éveillé, active
le jaune souverain du tigre,
adoucit la sphère de la pomme,
empreint dans la vapeur du samovar,
sur des reflets de papier
de soie, sculpte un clair de lune.

FOSA DE SU MANO

A Craig Moore

Mantuvo la abstracción en alta estima,
no hay piedra que no se hunda
en la fosa de su mano; sus lagos
amarillos son el pajar de la fonética
de sus venas, el péndulo de su línea
lo blinda de arquetipos. Pinta
el arroyo de luceros con toga
del pan de la tierra; ya las nubes
encuadernan su rostro con voz
de menta rota, pues, como
siempre, no escapa a la regla
de heridas de impaciencia: el orden
tarda en llegar mas lo deshilacha
del instante en hebra grave de fuego.

FOSSE DE SA MAIN

À Craig Moore

Il tenait l'abstraction en haute estime,
il n'y a de pierre qui ne s'abîme
dans la fosse de sa main ; ses lacs
jaunes sont la paille de la phonétique
de ses veines, le pendule de sa lignée
le blinde d'archétypes. Il peint
le ruisseau d'étoiles avec une toge
du pain de la terre ; déjà les nuages
relient son visage à la voix
de menthe cassée, et, comme
toujours, il n'échappe pas à la règle
des blessures d'impatience : l'ordre
tarde à arriver qui l'effiloche
de l'instant en un vénérable fil de feu.

RUISEÑOR

A Sylvia Whitman

Yace el ruiseñor sobre su balsa
de canela, la corriente refleja
su rubí mas no lo mueve: el alma
siempre huye el dolor porque
le es ajeno; pero el fin de sus
trinos, lo escuchará sola entre
las sombras, dejando la nostalgia
color perdiz en la marea. Rocío
de la visión que se disipa, su canto,
atenúa fragmentos de ansia y arenisca,
borra el mercurio del tránsito
de los segundos, desencofra
la epifanía agreste de diorita:
da ilusión y deseo de consenso.

ROSSIGNOL

À Sylvia Whitman

Gît le rossignol sur son radeau

de cannelle, le courant reflète

son rubis sans plus le mouvoir : l'âme

toujours fuit la douleur parce

qu'elle lui est étrangère ; mais la fin de ses

trilles, elle l'écoutera seule parmi

les ombres, laissant la nostalgie

couleur perdrix dans la marée. Rosée

de la vision qui se dissipe, son chant,

atténue les fragments d'anxiété et de grès,

chasse le mercure du passage

des secondes, dégangue

la révélation agreste d'une diorite :

il donne illusion et désir de consentement.

TSUNAMI DE LA LUZ

Densos de silencio templamos lo vacuo,

refractados por dardos furtivos

de escarcha, escalonamos el vacío

de la forma, sacudiendo el polen

de la extendida flama: enquistado

molino de sombra lo funde en vocablos

enardecidos de ámbar. Pedruscos

de iris venciendo su encono,

textura de su clamor: libro

del tsunami de la luz, espigados

por la savia rojiza de la ola,

alzando virtudes que alistan

los elementos, nos obstinamos

en la longitud del perfume de canela.

TSUNAMI DE LA LUMIÈRE

Denses de silence nous tempérons le vide,

réfractés par les dards furtifs

du givre, nous échelonnons le creux

de la forme, agitant le pollen

de la flamme étendue : incrusté,

un moulin d'ombres le fond en vocables

enfiévrés d'ambre. Pierrailles

d'arc-en-ciel vainquant son acharnement,

texture de sa clameur : livre

du tsunami de la lumière, glanés

par la sève rougeâtre de la vague,

hissant des vertus qui enrôlent

les éléments, nous nous obstinons

dans l'étendue d'un parfum de cannelle.

ÉXODO

Martillando la luz con prisa
invisible de la luz, vocaliza
el claroscuro de la merluza cetrina,
en grietas disímiles de la velocidad,
el éxodo frenético de gorriones
silvestres: itinerando el esmalte
de júbilo de la mirada, lima
la hoja seca, secuencia
de la palabra iluminada;
pigmentos de su dinamismo
erosionan invisible antorcha de latidos,
fundiendo el frío encallado
en ébano, sincroniza el sin cesar
en papel estaño de la lluvia.

EXODE

Martelant la lumière avec la célérité

invisible de la lumière, vocalise

le clair-obscur du merlu citrin,

en failles dissimilaires de vitesse,

l'exode frénétique de moineaux

sylvestres : nomadisant l'émail

de jubilation du regard, il lime

la feuille sèche, séquence

de la parole illuminée ;

des pigments de son dynamisme

érodent une invisible torche de pulsations,

fondant le froid échoué

en ébène, il synchronise le sans cesse

sur papier étain de la pluie.

ESQUIFES DE NEVISCA

Anduviese lívido en saeta el corolario,
reduciendo el espacio a inmóvil
arcoíris. Sus esquifes de nevisca
alcanzan la cifra de obsidiana,
granulando cántaros de nieve
a los flancos de la montaña,
dando margen de madreselva
a erratas del ritmo frenético
del universo, izan sus aristas de hielo:
el aire puro, fulgiendo caracteres
de bruma, alisa indolentes tonos
de transparencia, condensa
su aforismo, sedentario en
buhardillas de azafrán del burgo Lorenzo

ESQUIFS DE BLIZZARD

Flânait livide sur une flèche le corollaire,
réduisant l'espace à un immobile
arc-en-ciel. Ses esquifs de blizzard
atteignent le chiffre d'obsidienne,
granulant des cruches de neige
aux flancs de la montagne,
donnant une marge de chèvrefeuille
aux errata du rythme frénétique
de l'univers, ils hissent leurs arêtes de glace :
l'air pur, fulgurant des caractères
de brume, lisse des indolents tons
de transparence, condense
son aphorisme, sédentaire dans
des mansardes de safran du bourg Lorenzo.

COLIBRÍ

A los trigales de oscurecido bronce,
regresa la noche en alas
de colibrí, dividiendo pilares
abstractos de porcelana
en folios de greda de los cañones.
Se desprenden de su umbral
fogonazos de esquirlas de obsidiana,
sobre un acantilado rocoso,
embellecen los cactus austeros;
su ramillete de círculos transparentes
anida la promesa de avecilla:
fluido de la vida, en orillas
escarpadas del sueño, fertiliza
los senderos de oscurecido valle.

COLIBRI

Aux champs de bronze obscurci,
revient la nuit sur des ailes
de colibri, divisant des piliers
abstraits de porcelaine
en feuillets de glaise des canyons.
Ils se détachent de son seuil
éclairs d'esquilles d'obsidienne,
sur une crête rocheuse,
embellissent les cactus austères ;
son bouquet de cercles transparents
niche la promesse de l'oiseau :
fluide de la vie, sur les rives
escarpées du songe, fertilise
les sentiers d'une vallée obscurcie.

LA PERCEPCIÓN

Premura de percepción esparce evento,
a través del destellar añil de las ondas,
fracciones de su espectro lampan
invención en cíclica tormenta.
Afinado en la afinidad, su disco
leve de fosforescencia arremolina
sueltos vértices de estío a umbroso
lodazal de hulla, inmovilizando
en los albores vana fuga de vagidos:
mas trashumante la flor de sal,
fluorescentes a su sutil rugosidad,
relucimos en rala cascarrina
con la veleidad densa del viento,
cárdeno el cielo todavía al horizonte.

LA PERCEPTION

Une perception hâtive éparpille l'événement,
à travers le scintillement indigo des ondes,
des fractions de son spectre pellettent
une invention en une cyclique tourmente.
Affiné dans l'affinité, son disque
léger de phosphorescence tourbillonne
des libres sommets de l'été au sombre
bourbier de houille, immobilisant
à l'aube une vaine fuite de vagissements :
transhumante la fleur de sel,
fluorescents à sa subtile rugosité,
nous reluisons dans une fine grêle
avec la velléité dense du vent,
violacé le ciel encore à l'horizon.

SUMARIO

Alza la nubecilla la tórtola a su ápice,
su peso en la luz almendra
es fresco tangible de veneración.
Con pausas de nube en la evidencia
el instinto es aura del cuerpo.
En el bosque de eucaliptos
el canal aguanoso de presagios
arropa una galera más
al gerundio del destino;
y desatando amarras del ritmo
venidero, ara épico polvo
y fisura la espiral.
Los símbolos en su silo de reflejos
exhalan naves de sal a su sumario.

SOMMAIRE

La tourterelle soulève le fin nuage à son zénith,
son poids dans la lumière amande
est fresque tangible de vénération.
Avec des pauses de nuage dans l'évidence
l'instinct est aura du corps.
Dans le bois d'eucalyptus
le canal détrempé de présages
soutient une galère de plus
au gérondif du destin ;
larguant les amarres du rythme
à venir, il laboure une poussière épique
et fissure la spirale.
Les symboles dans leur silo de reflets
exhalent des navires de sel à son sommaire.

VIENTO SOLAR

Boga la luz a su fin: diluyendo el aire
fresco, fugaz desborde
de su imagen, desprende su brisa
peregrina en la imaginación. Su linde
platino, entre chorros de humo,
fluyendo al margen lívidos reflejos,
suspende en su iceberg los sentidos;
se acanala en vísperas violetas
y solitario negro, horadando
aventurado espejismo, emite
consonantes añiles con anhelo.
Fumarolas de hielo y agua, vertientes
de frugal sanguina, convulsas las horas,
nos arrastra la presión del viento solar.

VENT SOLAIRE

Vogue la lumière à sa fin : diluant l'air
frais, fugace débordement
de son image, libère sa brise
voyageuse dans l'imaginaire. Sa lisière
platine, entre des jets de fumée,
fluant au bord de livides reflets,
suspend en son iceberg les sens ;
il se cannèle en veilles violettes
et solitaire noir, perforant
un hasardeux mirage, émet
des consonnes indigos avec désir.
Fumerolles de glace et d'eau, versants
de frugale sanguine, convulsées les heures,
nous emporte la pression du vent solaire.

SIMETRÍA DE BELLEZA

Luz blanca desata el funeral de tu quimera,
disolviendo las dunas a margen de página,
vendrías a verme con el verbo relámpago
de pulsiones primitivas, embridado
el sueño a la faz de difunta estrella,
adonde vaya el matiz definitivo, irás.
Mi asombro te refracta en aristas
espigadas de abeja, sed justa de hazaña
de perla. Haciendo paréntesis
en el naufragio los látigos de ceniza,
también eres lo que he sido: fulguración
silente de iluso vacío. Me asombras
desde el óleo impresionista, amansada
por el tiempo fusco, simetría de belleza.

Roma-Firenze-París
Firenze-Roma-París
Invierno 2012

SYMÉTRIE DE BEAUTÉ

Une lueur blanche délie les funérailles de ta chimère,
dissolvant les dunes en marge de page,
tu viendrais me voir avec le verbe éclair
de pulsions primitives, bridé
le songe à la face de l'étoile défunte,
où va la nuance définitive, tu iras.
Mon étonnement te réfracte en léger
bourdonnement d'abeille, soif juste de prouesse
de perle. Faisant parenthèse
dans le naufrage, les fouets de cendre,
tu es aussi ce que j'ai été : fulguration
silencieuse d'un vide illusoire. Tu m'émerveilles
depuis la toile impressionniste, apprivoisée
par le temps mélancolique, symétrie de beauté.

Rome-Florence-Paris
Florence-Rome-Paris
Hiver 2012

TSUNAMI DE LA LUZ
TSUNAMI DE LA LUMIÈRE

www.ingramcontent.com/pod-product-compliance
Lightning Source LLC
Chambersburg PA
CBHW071209130626
46555CB00004B/1646